세월의 흔적

공애임 시집

시와사람

세월의 흔적

■ 시인의 말

"아프지 않아도 해마다 건강검진을 받아보고 목마르지 않아도 물을 많이 마시며 괴로운 일이 있어도 훌훌 털어버리는 법을 배우며 양보하고 베푸는 삶도 나쁘지 않으니 그리 한 번 살아 보세요. 사람의 가치는 바로 건강한 몸입니다." -이건희 회장-

우리의 일상생활이 어디론가 사라져 버리고 보이지 않는 것 앞에서 움츠려 들고 두려워하는 마음 훌훌 털어 버리고 한 번쯤은 건강을 돌아보아야 할 때인 것 같습니다. 아무리 많은 재물과 명예도 내가 없으면 아무런 필요가 없는 것입니다.

몸이 이상신호를 보내기 전에 나와 가족을 사랑한다면 몸을 돌아보고 휴식도 취할 수 있는 현명한 삶을 살아야 되겠습니다.

그래서 말하는 것을 조금 줄이고 귀는 열어 놓고 주위를 돌아보며 휴식을 취하라고 코로나가 우리에게 가르쳐주고 있는가 싶습니다.

지난 겨울에는 유난히도 눈이 많이 내렸습니다. 우리의 미운 것들이 새하얀 눈처럼 정결하게 살라고 손도 자주 씻고 소독도 하라고 하나 봅니다.

따뜻한 겨울 햇살이 얼어 있는 온 대지를 녹여 주듯

포근한 마음으로 이웃에게 다가가야 할 때가 된 것 같습니다.

자연의 순리 앞에 무릎 꿇고 우리에게 속삭이는 말을 듣고 자연을 향해 기쁨으로 두 팔 벌려 가만히 안아보려 합니다.

보이지 않는 어둠의 시간도 언젠가는 지나갈 것이기에 자신에게 주어진 삶에 최선을 다하고 각자의 건강과 주위의 건강도 돌아보며 우묵한 소처럼 앞을 향해 나아갈 것입니다.

환하게 웃고 마음껏 악수하고 얼싸 안는 평범한 생활을 기다립니다.

모두가 영원히 변치 않는 모습으로 한 길을 향해 꾸준히 나가길 바라며 건강하고 행복한 생활이 되길 바랍니다.

함께 해 준 강나루회원들과 늘 곁에서 든든한 동반자가 되어주는 가족들에게 감사드리며 이 모든 영광을 하나님께 드립니다.

평범한 일상을 간절히 꿈꾸는 어느 봄날

차 례

■ 시인의 말

1 세월의 흔적

세월의 흔적 • 12
세월 • 13
기다리는 마음 • 14
나이가 든다는 것은 • 15
젊은이에게 • 16
동행 • 17
인생길 • 18
새내기에게 • 19
졸업 • 20
달팽이 • 21
회상 • 22
내 안에 • 23
인생은 여행 • 24
아름다운 동행 • 25
오래된 나무의 꽃이 더 아름답다 • 26
허송세월 • 27
은빛여울 • 28

우레 속을 지나서 • 29
감기 • 30
나이 먹으니 좋구나 • 31
가을에 • 32
방황 • 34

2 한 여름의 향연

한 여름의 향연 • 36
귀뚜라미 찬가 • 37
봄 • 38
참새 • 39
계절은 어찌 알까 • 40
종달새는 높이 떠서 • 41
빗방울 • 42
여정 • 43
첫 눈 • 44
배꽃 • 45
산수유 • 46
하늘의 눈물 • 47
가을은 • 48
벚꽃 • 49

눈 내리는 날은 • 50
연꽃 • 51
폭포 • 52
백련꽃 • 53
한가로운 유원지 • 54
갈대 • 55
봄이 오는 길목에서 • 56
어등산에서 • 57
내가 그리는 그림 • 58

3 내 사랑에게

내 사랑에게 • 60
기도 • 61
아들에게 • 62
주체할 수 없는 눈물 • 63
나의 소망 • 64
모정 • 65
소중한 선물 • 66
스치는 바람 • 67
너에게 • 68
당신이 곁에서 • 69

힘찬 날갯짓 • 70
가을비 내리는 날 • 71
나의 진주에게 • 72
아기 새 • 73
말의 힘 • 74
사랑의 힘 • 75
사랑은 • 76
이제야 깨닫는 비결 • 77
향기로운 사람 • 78
풍선 • 79
소소한 행복 • 80
봄날 아침 • 81
우리집 • 82

4 간절하게

간절하게 • 84
가장 큰 행복 • 85
주님의 기쁨 되기 원하네 • 86
평안 • 87
태초에 • 88
당신의 마음 • 89

당신의 사랑 • 90
하늘 광채 • 91
행복한 자 • 92
휴식 • 93
그 분의 손 • 94
기도 • 95
그 분의 꿈 • 96
최고의 선물 • 97
하얀 마음 • 98
홀로 핀 꽃 • 99
제비꽃 • 100
좋은 예감 • 101
행복한 동행 • 102
별 • 103
고귀한 자태 • 104
감사 • 105
모든 순간을 • 106

| 해설 |
삶의 의미 탐구와 신앙의 노래/강경호 • 107

1

세월의 흔적

세월의 흔적

그대여 슬퍼하지 마오
흘러가는 세월 앞에
어느 누구도 이길 자 없다오

지나간 세월은
부끄럽지 않게 살아온 흔적이니
최선을 다해 살아온
흔적이라 생각하오

강가의 뒹구는 돌멩이들은
애초에 모가 난 칼이었을 것
하류로 씻겨내려 오는 동안
숱한 역경을 견디었을 것
그러므로 그대는
하류의 돌멩이 같은
부드러운 흔적일 뿐이오

세월

달리는 시간을
잡아둘 순 없을까

얼굴에 새겨진
시간의 흔적들

마음속 고이 접어
흘어 보낼 순 없을까

초롱초롱 꿈 가진
어느 새 팔뚝이 굵어진
사랑하는 자녀들

나는 세월 속에
조금씩 무너지지만
내 사랑을 위해
두 손을 모은다

기다리는 마음

차가운 겨울바람이
얼어붙은 창문을 두드린다
흔들리는 창문에 귀를 기울이면
안쓰러움이 밀려와 마음 한 켠 가득 채운다

무엇이 아이들을
힘들게 하는지
혹독한 추위 견뎌내고
새 생명 잉태한 봄처럼

조금만 참아내면
너의 소망이 찬란하게 펼쳐질
봄이 멀지 않다
얼음을 뒤집어 쓴 채
세한을 견디는 나무들처럼

나이가 든다는 것은

헛된 것 움켜잡으려고
발버둥 치며 살아가는 삶

탐욕과 이기심
다 내려놓고
귀를 열고
주위를 돌아보는 것

빈손으로 온 인생
희로애락 겪으며
얼굴에 진 주름살
그 앞에 감사할 줄 알며
살며시 미소 짓는 것

젊은이에게

세상의 권위 앞에
굴복하지 말고

두 어깨 활짝 펴고
그대의 꿈을 가지고
악과 맞서 싸우며
당당하게 나아가라

세상은 꿈꾸는 자가
가질 수 있다는 것을
마음껏
세상에 전파하라

동행

때론 마음이 울적하고
답답할 때
응어리진 마음 다 용해 시킬 수 있는
잔잔한 호수 같은 친구 있었으면

자신을 비워
아름다운 소리를 내는 악기처럼
마음의 욕망 비울 때
나지막한 소리로 울림 주는
기타 같은 친구 있었으면

그와 함께 노래되어
그늘진 마음에
맑고 청아함 선사하리

인생길

수없이 겪어야 하는
멀고 아득한 길
평평하고 순탄한 길
오르막과 내리막이 사막처럼 펼쳐지는
고난의 여행길

절망의 고통 안고
내리막을 치달을 때
감사함으로 그 길을 즐기게 되면
오르막의 기쁨을 알게 될 것

높은 파도가 치고 뱃길이 흔들려도
고요하고 잔잔한
아침 항구에 정박하리

새내기에게

새로운 항해를 향해 닻을 올리고
지루하지만 짜릿한 배움의 연속

새롭게 발 내딛는 너의 앞길에
미래의 거대한 바다가 펼쳐져
위대한 용기를 가지고
지혜롭게 나아갈 것이다

청춘이라는 특권을 가지고
지금보다 나은 나라를 위해
세상을 변화시키기 위해
발자취를 남기거라

마음 굳게 먹고 용기 가지고
단 한 번뿐인 인생의 무대에서
후회하지 않게 살아가거라

때로는 불면의 밤도 맞으며
때로는 눈물도 흘리며
네가 바라는 그 지점으로 항해하라

졸업

두려움과 설레임으로
첫 발을 딛은지 엊그제 같은데
벌써 마감하는 날

친구들과 어우러져
하하 호호 재잘거리며
아름다운 추억 만들고

미래를 향해 날갯짓 하는 날
아쉬움과 서운한 마음 하늘도 아는지
흰 눈이 앞길을 축복하고
정들었던 교실에서
친구들과 추억을 차곡차곡 쌓고

또 다시 시작이다

달팽이

제 등에 집을 짊어지고 가는
팔자 때문인가
어딘가로 천천히 더듬으며
길을 가는 피곤한 자여

生의 길을 일탈하였는가
아직 갈 길이 아득한데
낯선 길을 가면 어떡하나

험한 세상 살아갈 때
적이 나타나면 빨리 피하려고
집을 지고 가는 지혜로운 자

生은 언제나 힘든 것이어서
편안한 휴식 위해
몸보다 무거운 집을 지고
느리게 움직이는 자

사람은 평생 동안
집 한 채를 위해 사는데

회상

계절마다 풍기는 향기가 좋고
그 때마다 피어나는 꽃들이 좋다
이 좋은 모든 것들을 오랫동안
내 마음 속에
고이 간직하고 싶다

그러나 세월은
나의 바람과 계절과 꽃들이
점점 기억 속에서 사라지게 하고 있어
그 향기가 멀어져 가고 있다

인생은 즐거움보다도
불행한 일이 더 많다는데
아름답고 행복한 추억
오래 기억하고 싶은데

내 안에

해 뜨기 전
자명종 소리에 깜짝 놀라
부스스 눈 비비며
하루를 시작한다

어디로 가고 있는지도 모른 채
뿔뿔이 흩어져 있는 가족들
다함께 모여도
따뜻한 밥 한 그릇
못 챙기며
무엇을 찾아 떠나고 있는가

오늘의 삶에 충실하면
행복하다는데
내 안에 진정한 행복이 충전되어 있는지
아름다운 미래가 설계되어 있는지

인생은 여행

매일 아침
길을 걷는다
상쾌한 바람을 맞노라면
기분도 즐거워진다

매일 보는 들판이지만
날마다 색깔이 다르다
오늘 여행지가 이렇다면
내일 여행지는 어떨까?

날마다 보는 풍경이지만
사계절 제자리에 있는 숲 풍경도
모습이 다르듯이
같은 듯 살면서도 다른 삶
매일 낯선 곳에서 산다

아름다운 동행

나 그리고 네가 아닌
우리가 되면 좋겠네
너의 마음에 내가 있고
내 마음에 네가 있어
서로 부둥켜안고
하나가 되면 좋겠네

힘에 겨워 지쳐 있을 때
눈빛만 보고도
말없이 다가와
포근히 안아줄 수 있는
따뜻한 동행이면 좋겠네

서로 힘이 되어
세상을
따뜻하게 보듬고 가면 좋겠네

오래된 나무의 꽃이 더 아름답다

나이가 깊어감에 따라
피부가 거칠어지고
얼굴이 일그러져가지만
생각이 깊어지고
마음은 부드러워지며
향기가 나네

매화꽃 붉음이
모진 추위를 이겨내
아름답고 사랑스럽듯이
믿음과 희생으로 빚어낸
우리의 황혼이
더욱 아름다울 것이네

허송세월

망설이는 동안
지나쳐버린 정류장
문득
인생의 장막이
잠깐 보이더니
금세 사라져 버린다

창밖에
스산한 바람이 분다
언제였나 싶다
뜨거웠던 여름이

하찮은 돌멩이 막대기도
한순간 만남으로
귀하게 쓰인다는데
나의 푸르른 여름은 흘러가고
나는 지나간 세월을
뒤돌아본다

은빛여울

끝없이 펼쳐진 수평선 너머
은빛 찬란한 빛 속에
서해대교를 달리네

끝없이 펼쳐진 수평선 바라보며
저 너머에 무엇이 있을까
문득 질문이 생기네

초록빛 나무들
아름답게 피어있는 꽃들
오묘한 섭리 앞에
마음 빼앗기며
어딘지도 모르게
해 지는 쪽으로 달리네

우레 속을 지나서

쾅! 쾅!
우르르 쾅!
시작과 함께 불빛의 화려함
누구도 흉내 내지 못할 화려함
어린아이 어른 할 것 없이
무서움에 놀랄 환희
번쩍 번쩍 우르르 쾅쾅
하늘의 웅장한 오케스트라

한때 내 인생도
축제의 날 축포처럼 화려했네
때로는 우레 같은 소리에 놀래며
폭풍우 속을 헤치고 달려왔네
오늘은 온 산천이 불타는
햇살 좋은 가을 날
철새들이 떠날 채비를 하네

감기

목이 갈근갈근
침 삼키기도 힘들어요
가늘고 하얀 목을
만지작 만지작
흥분은 늘
목에서부터 시작했죠

콜록콜록
허스키한 기침을 타고
달아오른 숨소리도
초 단위보다 가파랐죠

팔 다리 근육도 풀어지고
온 몸이 홍당무가 되어
펄펄 열은 끓고
이제 몸은 나비처럼
붕 날아올라 공중부양
지독히도 달콤한 감기에 걸렸네

나이 먹으니 좋구나

그 땐
어려웠지
이제야
이해가 되는구나

그 땐
이기적이었지
이제야
내가 보이는구나

나이 먹으니 좋구나
올망졸망
아기자기
온갖 풍경이
한 폭의 그림이구나

가을에

잊었던 네가 생각나면
가을이지

빨간 단풍이 아녀도
달달한 홍시가 아녀도
우두둑
도토리 떨어지는 소리가 아녀도
사각서걱 사각서걱
갈대들 몸 부딪치는
소리가 아녀도
바람에 날려 우수수 떨어지는
낙엽이 아녀도

잊었던 네가 생각나면
가을이지

자전거 타는 사람 속에
네가 있고
뭉게구름 속에
네가 있고
버스 유리창 속에

네가 있고
흘러가는 음악 속에
네가 있으면
가을이지

커피 향으로 지울까나
국화 향으로 지울까나
우두커니 서서
다시 찾는 가을

잊었던 네가 생각나면
가을이지

방황

날씨 한 번 죽인다
온갖 햇빛
살해를 위한 모의
검정 모자에 마스크
돌아다니다 지친
바람 한 점

분노 좌절은 고슴도치 털처럼
온 몸에 박히고
꿈과 희망은
무릎을 꿇었다
혼자 유배된 세상
아무도 찾지 않는다

수다스레 끓어오르는
절망의 증기를 타고
외발로 선 이 곳
땅끝 마을

2

한 여름의 향연

한 여름의 향연

여름 막다른 길에서
매미소리가 들려온다

한 철이 다 가는 것을 아는 양
마지막 몸부림인지
더위에 지쳐있는 이들에게
조금이라도 위안을 주려는 것인지
아침부터 울어쌌는가

시원한 그늘에서 수박 먹으며
매미 노래 속에
한가로이 낮잠이나 잤으면 좋겠다는 마음
간절하다

귀뚜라미 찬가

여름이 지나기도 전에
가을이 오는 소리가 들린다

귀뚤 귀뚤
눈에 보이지 않지만
어디선가에서
더위로 지쳐있는 사람들에게
위로의 말씀을 전한다

무덥고 짜증난
막다른 여름의 끝에서
조금만 참으라고 간절하게
귀뚜라미들이
위로의 음악회를 한다

봄

어둠속에서 웅크리고 있는
가냘픈 영혼들
햇살을 기다리고 있다

너무 어두웠다
이윽고 봄비가 내리고
따스한 기운이 얼음을 녹이고
땅 속까지 스며들자

꽃이 되고 푸른 잎이 될
생명의 씨앗들이 기지개를 펴자
굳은 땅이 갈라지고
여리디 여린 새싹들이
얼굴을 내민다

가슴에 커다란 수건을 단
봄을 닮은 일곱 살 아이가
처음 학교에 간다

참새

쪼로롱 콩콩 쪼로롱 콩콩
앙증맞고 귀여운 모습

뾰로롱 뾰로롱 날아오르고
다시 내려와 콕콕콕

날마다 친구들과
부지런한 모습으로
쪼로롱 콩콩 쪼로롱 콩콩

계절은 어찌 알까

따스한 바람이 불어와
겨우내 언 땅을 뚫고
싹이 나오고 꽃을 피우는지

그 뜨거운 더위를 식혀 주기 위해
소낙비가 내리고 시원한 바람이 불어야함과
탐스런 열매를 맺는지

계절은 어찌 알까
매섭게 살갗을 후벼대는
차가운 바람이 주는지를

한 치 앞을 내다볼 수 없는 우리는
계절을 내다보는 그 분의 섭리 속에서
그저 자라나는 풀 한 포기 같은 것을

종달새는 높이 떠서

맑고 청아하게
종달새들이
보리밭 위에서 뭐라고 하는지
활기차게 노래한다

봄날 아침
이 나무 저 나무
날아다니며
사람은 알아들을 수 없는
생명의 노래를 부른다

빗방울

까마득한 하늘
먹구름 속에서
지상으로 뛰어내려
낙하산처럼 날아간다

지난 겨울의 가뭄 끝에
봄비가 되어
메마른 산과 들녘에 닿아
씨앗의 안부를 묻고

잠들어 있는 모든 것들에게
말하지 않아도
빗방울은 말줄임표가 되고
사랑이 된다

여정

단풍 든 잎은
저절로 물들여지는 것이 아니다
천둥과 벼락과 거센 바람과 빗줄기
거대한 태양의 힘이 드리워져
울긋불긋 여물었을 것이다

아름다운 진주가 되기 위해
살이 찢어지고 뼈가 깎이는
아픔의 고통이 따르는 것이다

겨울 찬바람을 맞은 시금치에
단맛이 스미듯
시련을 겪을수록 견고해지는 것이어서

우리의 삶도
가슴이 찢어지는 아픔과
짜디짠 눈물이 지나고 나면
참으로 아름다운 모습으로
영글 것이다

첫 눈

탐스러운 눈발이
나뭇가지 사이로 휘날린다
거리에 예의 바르게 쌓이면
그 위로
새 발자국
짐승 발자국
바람의 발자국 찍힌다

모든 것들이
맑고 깨끗한 마음으로
제 길을 걸어가라고
하얀 도화지 같은
세상을 펼쳐준다

배꽃

하얀 꽃바람
소녀의 순정
순수한 마음으로
겹겹이 핀
벌들의 안식처
백옥의 숨결

늦은 꽃샘추위가
여린 꽃잎을 꽁꽁 얼리고
뜻하지 않는
4월의 강풍이 불어도
하얗고 순수한 마음
아름답게 꽃피우리

산수유

차가운 겨울바람 이겨내고
환한 노오란 꽃 토옥 톡
따뜻한 햇살에 낯간지러워
소망의 향기 머금고 토옥 톡
소망을 잃은 채
살아가는 이들에게
희망을 선물하려고 토옥 톡

하늘의 눈물

주루룩 주루룩
쉴새없이 세차게
소리 내어 울고 있다
하늘도 많이
속이 상한가 보다

조용했던 마음
송곳으로 후벼파는 비수같이
가슴 깊숙이 스며든다

쏟아냈던 말들은
다시 담을 수 없지만
마음속 독초를 뽑아
상대방 마음에 뿌리지만
자라지 못하게 꾹꾹 누르자

하늘도 마음을 아는지
아주 무섭게
울고 있다

가을은

가을은
그리움의 계절
꽃들도 단풍도
서로 그리워한다

낙엽이 지면
그리움에 사무쳐
잠 못 이루는 날들도
많을 것

지나간 세월 속에
눈물도 흐르고
이방인 같은 낯선 자신을
발견하게 된다

티 없이 맑은 하늘과
새털처럼 곱고 예쁜 구름과
가을 향기 맡으며
나를 사랑하는 법을
배워야겠다

벚꽃

하얀 꿈 물들인
흰 꽃
가지마다 피어있는데
왕왕거리는
벌들의 이야기꽃
온 천지가
꽃 대궐

사람들 마음에
하얀 꿈을
물들이기 위해
모진 추위 꿋꿋이 견디어
터트린 꽃망울

사람들은 저마다 아름다운 옷 입고 찾아와
꽃 대궐에 묻혀
아름다운 꿈 꽃 피운다

눈 내리는 날은

바람에
이리저리 흩날리다
형체도 없이 사라지는
너를 보고 있자니
마음이 아프다

시린 손 호호 불어가며
눈사람 만들고
눈싸움 하며
마냥 뛰놀고 싶은 날
세상은 온통 눈 뿐이어서
모두가 하얗지만
다른
우리들의 모습

연꽃

언제나 훈훈한 엄마 품
초록 쟁반위에
하얗고 붉은 꽃

꽃봉오리 속에서
전설의 심청이가 걸어 나와
사뿐히 인사할 것 같은
비밀스런 꽃봉오리

너의 그 어여쁨에 반해
살며시 다가가
입 맞추고
나도 전설속의
주인공이 되고 싶다

폭포

날마다 무너진다
굉음을 지르며
하얗게 무너진다

무너진다는 것은
사랑한다는 것
위로한다는 것
더위에 지친 당신의 영육을
식혀준다는 것

백련꽃

소녀처럼
수줍음으로
봉긋 부풀은
고운 자태

바람 한 점 없는
고요한 연방죽에
하얀 나비 떼
너울거리며 날아간다

한가로운 유원지

비 온 뒤 맑게 개인 하늘
바람소리 시원하고
경쾌하게 흐르는 강물소리

한낮의 열기를 식히는
매미 울음소리 자지러지고
아름다운 물가의 연분홍 연꽃과
키 작은 노란 수련

세 번을 피고 져야 쌀밥을 먹는다는 백일홍
길가에 피어있는데
붉은 꽃잎 바람에 흔들리는
한가한 유원지의 한때

갈대

바스락 바스락
살며시 다가와
볼을 비비자고 한다
온 몸을 비비자고 한다

바람이 불어오면
다시금 제자리에 돌아와
아무렇지도 않은 모습

햇빛에 반짝여
금빛 물결 일렁이며
꺾이지 않는 무사들

겨울이 다가와 눈이 내릴 때면
서걱이며 군무를 하며
군가를 부른다

봄이 오는 길목에서

눈에 보이지도 않는 바이러스
말을 못 하게 입을 가리고
2m 이상 떨어지라고 한다
악수도 포옹도 하지 말라고 한다

최첨단을 달리는 문명으로
하늘을 찌를 듯 높아만 가던 인간의 지식으로도
바이러스를 감당하지 못한다

갇혀 지내며 불안한 나날들
숨 쉬는 것 하나도 맘대로 못하는
연약한 존재임을 느끼는데
말하지 말고 듣기만 하라네요
또다시 봄은 오고 있는데

어등산에서

푸른 잎으로
상처를 감추는 것도 모자라
연푸른 웃음이다
치열한 생존 경쟁에
무거웠던 발걸음은
약수터 물조차
마실까 말까
이해득실을 따졌다

그렇게
봄 여름 지나고
살아야 한다는
욕망하나 붙잡고
걷고 또 걸었던 시간

석봉에서 내려다 본 아랫동네
희망을 노래하며
넉넉한 노을빛에
서로 나누고
안겨 있다

내가 그리는 그림

파란 하늘 캔버스에
예쁘고 소박한
꿈을 그린다
나의 순수한 소망 담아
흰 구름으로
희망의 나래를 무지개처럼
활짝 펼친다
사랑의 노래가
하늘과 땅 사이에 가득한
세상에서 하나 뿐인
그림을 그린다

3

내 사랑에게

내 사랑에게

오늘 아침에도
코피를 흘렸다
내 마음이
너무 아리고 아파온다
아파줄 수 없어
마음 한켠이 아려온다

우리 식구 먹여 살리려고
밤낮으로 뛰어다니다
또 다른 꿈이 있어
새벽까지 공부하는 당신

그러한 당신을
바라만 봐야 되기에
안타까워
더욱 아끼고 사랑하며
살아야겠다 생각한다

기도

사랑이라는 이름으로
나의 욕심을
아이에게 강요하지 않게 하소서

아이를 사랑하되
두 귀를 열어 놓게 하시고
행함으로 본을 보이게 하소서

그리하여 저들의 재능을
발견하게 하시고
그 길을 갈 수 있도록 양육하는
총명함의 지혜를 주소서

무엇보다 귀한
사랑을 말하게 하시고
두 팔과 가슴으로
포근히 안아주는
따뜻한 가슴이 되게 하소서

아들에게

나의 행복은
작은 것에서 시작된단다

네가 엄마에게
만두 드셨냐고 물어오고
더워서 물만 먹고 싶다할 때
건강을 위해서
물보다는 우유가 좋다고 했을 때
무척 행복했단다

네가 아직은 사춘기여서
엄마에게 가끔 툴툴거리지만
그래도 엄마를 생각하고 있다는 것이
마냥 고맙단다

정말 고맙다
네가 하는 일을 찾아서 행할 때
몹시 고맙고 감사하단다
사랑하는 아들아

주체할 수 없는 눈물

사랑하는 아들아
너를 향한
엄마의 마음
주체할 길 없단다

너를 위해 기도하면
까닭모를
하염없는 눈물이 앞을 가린다

하나님의 특별한 사랑이
엄마에게 전해져
너를 위해
기도하게 하시는가 보다

어떤 큰 재목으로 쓰시련지
사뭇 너에게 기대가 된다

열방을 가슴에 품고
전진해 나가렴
사랑하는 아들아!

나의 소망

사랑하는 자녀들이
많은 사람들 삶에
위로와 도전을 주며
보다 행복한 세상으로 만들어 가는
사람이 되는 것입니다

사랑하는 자녀들이
잘 되고 번성하여
많은 사람들을 돌보고
마음껏 후원하는 것입니다

사랑하는 자녀들이
믿음의 능력을 경험하여
세상 사람들에게 뜨거운 사랑을 전하는
전도자가 되는 것입니다

내게는 소망이 있습니다
사랑하는 자녀들이
세계를 품고
세계 위에 우뚝 서
이 땅에서 가장 필요한
밀알이 되는 것입니다

모정

텅 빈 아이들 방
갑자기 울컥이는 마음

엊그제까지 품안에서
재롱떨며 말씀 읽어주며
자장가 불러주면
스르르 잠이 들었는데

형제끼리 어우러져
시끄럽게 하다가
스르르 잠이 들곤 했던 아이들

벌써 제 갈길 찾아
떠나버렸네

다 자라 이소한 새들의 둥지처럼
텅 빈 방

소중한 선물

날 위해 기도해 주며
눈물 흘려주며
생각해 주는 딸

챙겨주지 못하고 함께 해 주지 못해
늘 미안하고 가슴이 아려와
눈물이 난다

나누고 베풀며 배려하고
꿈을 향해
눈물과 땀방울로
마음껏 세상을 날아가거라

세계를 가슴에 품고 기도하며
현숙한 여인으로 성장하는 것이
모두의 바램이어서

예쁜 딸!
곱게 자라줘서
고맙고 사랑한다

스치는 바람

그들만의 세계
이해할 것 같으면서
이해되지 않는
질풍노도의 시기

순한 양이 되었다가
무서운 이리가 되어
가슴을 후비는
한때의 바람이길

너에게

가장 순수한
모습으로
품에 안겨
젖을 빨며

가장 천진한
모습으로
새록새록
잠든 모습

널 안은 마음 너무 행복해
감사하고

어느새 의젓한
소중한 친구의 모습으로
곁에 있어
행복하고 감사하다

당신이 곁에서

하루를 분주히
열어가는 당신
당신과 함께여서
지칠줄 모르고 살아갑니다
함께 하루를 열고 닫는 일이 수만 번이지만
당신이 곁에 있어
힘을 얻습니다

때로 풀리지 않는 상황 속에서
우울한 모습으로 풀 죽어 있을 때
내 마음의 어깨를 주무르며
"사랑해"
하는 당신이 있어
나의 나날은 환하게 밝아옵니다

매일 당신과 함께 시작하고
정리할 수 있어 감사하고 고맙고
또 다른 분주한 내일을 기대하며
곁에서 곤하게 잠든 당신 곁에 있어도
당신을 그리워합니다

힘찬 날갯짓

12년 긴 터널의 종점
단 한 번의 시험으로
미래가 결정되는

생활과 몸으로 체험하여
생활에 만족하며
행복하게 지내야 할
고귀한 청소년 시절

갇혀진 공간에서
하루 3분의 2를 보내야 하는
가련한 이들

합격통지서 받아들고
미래의 꿈 향해
힘차게 날갯짓 하려무나

가을비 내리는 날

바쁜 삶속에서
잠시 바라보니
어느새 깊은 가을이다

빗속에
아련히 떠오르는 추억 하나
희망에 부풀은 가슴 안고
손 흔드는 모습

어디선가 많이 본 얼굴
아직 어리고 앳된 모습
때묻지 않은 순수한 미소
내 모습이다

나의 진주에게

어디에 있다가 우리에게 왔니
나의 딸이어서 고맙고 반가운 너는
어린 시절부터 스스로 해결하고
근심 걱정 덜게 하더니
이제 의젓한 숙녀가 되어
나의 친구가 되고
곁에서 동거동락하고 있으니
참으로 어여쁘다
고맙고 감사하다는 말 밖에 하지 못하지만
진주처럼 소중한 존재여라
이제 시온의 대로가 펼쳐지기를 바란다

아기 새

가냘픈 두 발로
벼랑위에 버티고 있는
가엾은 새

금방이라도 바람에
날려가 버릴 것 같은
연약한 아기 새가

모진 비바람 속에서
분홍빛 두 발로
지탱하고 있는 모습

어디서 본 듯한
나를 닮은 아기 새

말의 힘

천 냥 빚도 갚을 수 있는
아름다운 말이 있는가 하면
자라나는 싹을
무참히 잘라버릴 수 있는
무시무시한 독이 묻은
비수 같은 말이 있다

말은 마음의 거울
한 번 뱉어내면 다시는
주워 담을 수 없는
유리파편 같은 것이어서
깨어진 제 모습을 보는 것
사랑한다고 가만히 속삭여 보라
그 말을 하는 순간 그대는 이미
사랑이 되는 것이다

사랑의 힘

오직 사랑만이
생명입니다

사랑만이
사람을 살립니다

아무리 모진 고문을 해도
도저히 빼앗을 수 없는
우리 가슴속에
향기로 맺히는
보석입니다

증오와 미움과 악함도
사랑하는 마음만 있으면
스르르 녹아나게 됩니다

약함과 강함도
품으면 새롭게 잉태되는
위대한 것이 됩니다

사랑은

깊고 오묘한 것
이 세상 무엇도 녹일 수 있는
용광로 같은 것

너의 마음 닮아
나는 용광로가 될 수는 없지만
황토방 아랫목처럼
꽁꽁 언 너의 마음을
뎁혀주고 싶어
든든한 동반자 되어
어둠을 쫓는
빛이 되고 싶어

이제야 깨닫는 비결

시행착오 끝
이제야 깨닫는 비결
올바르고 긍정적인 마음
성장하려는 다짐에 있는 것

소처럼 열심히 살고
다양한 경험 통해
죽는 순간까지 노력하며

사람들과
진실한 관계 맺고
어떤 일이든 즐기는 것

일생의 소소한 즐거움 놓치지 않고
남을 행복하게 만드는 길
감사의 습관 갖는 것

향기로운 사람

누구에게나
아름다운 사람
들꽃같이 잔잔한 향기 전해주는
삶이 되고 싶다

지친 영혼의 휴식을 얻고자
조용히 다가올 때
은은한 향기로 포근히 안아
안식을 전하고 싶다

메마른 영혼에 생명의 씨앗을 틔워
사랑을 전하는
향기로운 사람이 되고 싶다

풍선

마음이
이처럼 부푼 적이 있었나
마냥 가벼워져
둥둥 하늘로 오르네

자꾸 오르다 보니
집과 사람들이
개미처럼 작아 보이고
내 마음만 빵빵해져

금방이라도 터질 것 같은데
자꾸만 부풀은 마음
마침내 나의 하늘이 되었네

소소한 행복

숨 쉴 수 있고
반가움에 부둥켜 얼싸안고
손 내밀어 따뜻한 정 나누었던
소소한 순간들이 그립다

2미터를 유지하며
눈으로만 인사해야 하는
안타까운 나날들

삼삼오오 모여 앉아
음식 나누며
정겹게 담소하던 때가 그립다

인간의 탐욕으로
보이지도 만져지지도 않는 것이
불안하게 하고
모든 것을 바꾸어 놓아
마스크를 쓰고
어떻게 살 것인가를 생각하는 나날들

봄날 아침

꽃들이 아름답게 피어 유혹하지만
밖에 나가지 말고 갇혀 지내라 하네요

눈에 보이지도 않는 코로나가
우리의 일상을 흔들어 놓고
놓아 주지 않는 현실

일상생활에 감사할 줄 몰랐던 것들이
이젠 그리움으로 찾아와
감사한 생활이 되게 하네요

학생들은 책가방을 메고 싶고
친구들과 재잘거리며 우정을 쌓아가고 싶고
봄 동산에서 교정을 거닐고 싶어 하는
새들이 지저귀는 봄날 아침

우리집

여건과 환경이 다른
인격과 인격의 만남
뼈 중의 뼈요 살 중의 살이라 고백하고
모든 것 감싸주고
사랑하며 배려하고 보듬어 주고
생육하고 번성하라는 말씀에 따라
자식은 여호와께서 주신 기업의 복이기에
삼남매의 축복을 받았다

감성이 풍부하고
모든 것 잘 챙기는 듬직한 큰아들
무뚝뚝하지만
혼자서 척척 잘 해내는 멋진 둘째아들
나의 친구이자 무엇과도 바꿀 수 없는
소중하고 이쁜 딸
미완전체로 각자 삶에 속해 있는 곳
대전, 부산, 광주에서 열심히 생활하다
가끔씩 모이게 되면
세상 어떤 것도 부럽지 않은 완전체 되어
행복이 넘치는 행복한 우리 집

4

간절하게

간절하게

8월의 무더운 밤
당신의 음성을
간구합니다

사모함 속에
나의 육체가 녹아들듯이
당신을 기다립니다

마르지 않는 눈물로
당신의 뜻이 무엇인지
기다립니다

그러다보면
바람 소리일까
아주 세미하게
언제부턴가
당신의 음성이 들립니다

가장 큰 행복

가진 것이 없다 할지라도
서로 기댈 수 있는 가족이 있다는 것은
행복한 일이다

눈보라 막아줄
포근한 가정이 있고
울타리 같은 든든한 남편과
사랑하는 자녀들이 있기 때문이다

돈이면 무엇이든지 할 수 있는 세상이라며
누군가는 빌딩을 자랑하고
또 누군가는 높은 벼슬을 뽐내지만
행복은 아주 사소한 것에서 오는 법

무엇보다도 다행스러운 것은
하나님을 아는 믿음을 소유하고
함께 기도하는
동역자들이 있다는 것이
가장 큰 행복이다

주님의 기쁨 되기 원하네

지나온 날을 되돌아보니
주님의 손길이
닿지 않은 곳이 없다

우리 가족과 형제 자매가
육신을 편히 쉴 수 있는
아름다운 안식처인 장막

숲속을 기어가는
어린 벌레들의 숨결
하늘을 날아가는 작은 새의 날갯짓
모두 주님의 손길 안에 있다

너무나 위대한 사랑 안에서 살아가는
이 세상 모든 것들에게
호흡을 불어 넣어주신 주님께
기쁨을 주는 전도자의 길을 가고 싶다

평안

공허와 허무로 가득한
길에서
한 줄기의 빛을 보았다

한때는 절망이
나의 눈에 장막을 드리워
절벽 위를 걸어가는 것 같은
불안하고 위태로운 날들이 있었지만
창에 찔리고 채찍을 맞으며
골고다 언덕을 올라가는
예수 그리스도의 발자국에서
빛나는 빛을 보았다

그 빛이 있음으로
나의 상처 쯤은 아무 것도 아니어서
나의 불안은 하찮은 것이어서

내 인생의 전부와 바꾸어도
아깝지 않을
영원하신 예수그리스도의
핏빛 십자가의 힘

태초에

빛이 있으라 하매
혼돈하고 공허하던
흑암의 순간이 걷히고
위대한 창조의 서막이
열리는 순간

영원한 영광의 광채로
만물을 붙들고
정결케 하며
위엄의 우편에 앉은
우리들의 위대한 왕

주권을 선포하며
사랑을 나타내어
당신을 꼭 닮은
아름다운 형상의 인간
에덴동산의
꿈결 같은 날

당신의 마음

태양이
온 대지를
감싸 안듯이

희망을 안겨주는
따스한 햇살

얼음 같은 너의 마음을
녹일 수 있는
뜨거운 입김 느껴지고

살아있는 것이면 모두 느낄 수 있게
나무 잎새에
산짐승의 어깨 위에
당신의 마음이 느껴집니다

당신의 사랑

세미한 사랑으로
다가와
손 내미시는

그 어떤 것과도
바꿀 수 없는
고귀한 사랑

이 마음 아시고
위로해 주는

끝없는 사랑에
하염없는 눈물이 흐른다

하늘 광채

뭉게구름 사이로
내리쬐는 찬란한 빛줄기
참으로 신성한 풍경이
부활한 그 분이 하늘에서 내려오는 것 같다

인간의 상상력으로는
그려낼 수 없는
기막힌 풍경을 바라보면
나는 세례를 받은 것 같아
마음이 순결해지고
가슴에 십자가를 새긴다

이 한 폭의 풍경 선물 받으니
무엇이 부러울까
그곳이 낙원이어서
구름타고 하늘에
닿고 싶다

행복한 자

영원 전부터 함께 하고
나의 처소가 되며
나의 대적을 쫓으며
나의 방패가 되며
나를 돕는 자가 되니
세상 무엇인들
두려우랴

그의 구원으로 말미암아
대적이 복종하며

안전한 곳에 거하게 하고
넘치는 샘이 되니
영원히 행복한 사람이다

휴식

숨 가쁘게 달려온 길
잠시 되돌아보고
편안한 맘으로
숨을 쉬어 보세요

예정된 대로 인도해 주셨듯이
오늘은 지켜주시고
장래에는 축복의 문으로
인도하실 것을 믿고

활기찬 날갯짓을 하기 위해
잠시 휴식을 취해 보세요

그 분의 손

날 위해 못 박힌 손에
붙잡히길 원합니다

그의 손에 내 손이
포개지길 원합니다

두 손 맞잡고 복음이
전파되길 원합니다

문둥이 병을 고친 그 손길로
나의 죄를 사하여 주시길
간절히 원합니다

기도

바삭바삭 메마른 영혼
아픔과 산고의 진통 없이 완성되지 않고
성장하지 않는 것

마음이 찢어지고 부서지고
목숨까지도 걸게 되는 것

영혼의 몸부림으로
새롭게 거듭나는 것

그것들을 얻기 위해
간절하게 드리는 기도

그 분의 꿈

그의 부르심에 힘입어 사랑을 알고
진실한 사랑의 마음 알고
지금까지 잘못된 것 고하고
순수하고 깨끗한 신앙의 진실
용기있게 진리를 외치고
희생과 헌신으로 사회 곳곳에
소외 받고 외면당한 이들을 포용하여
그 분의 따뜻한 품에서 쉬게 하는 것

하지만 우리 마음 한 구석에
복된 마음 방치해 둔 채
죄와 탐욕의 깊은 늪에 빠져
외면한 채 살아간다
이젠 세상을 변화시키고 치유하여
성령의 불길이 심령을 터치할 때

새로운 희망과 용기 가지고
힘껏 외칠 때 회복의 역사 일어나
믿는 이들이 점점 많아질 것이다
"나는 너희를 진심으로 사랑한단다."

최고의 선물

선한 데레사 수녀
악랄한 히틀러
선과 악의 두 길 중
어떤 길에 서 있을까

아무리 선하고 착하고 이름 있는 일을 해도
우린 얻을 수 없는 길이 있다

하지만 내가 아무런 일을 하지 않아도
그냥 받기만 하는 길, 믿기만 하는 길
죄 값을 갚기 위해
희생 했다는 사실을 믿기만 하면
관계가 회복되어 맺어진다

죄를 용서해 주실 걸 믿고
죽었던 나를 되찾고
스스로 희생한 이유
영원한 삶을 살 것이라 믿으면
값없이 받는 영생의 길
그저 받기만 하면 된다

하얀 마음

눈보라 휘몰아치는 새벽
아무도 밟지 않은 눈 위에 발자국 남기며
기도하는 맘으로 하루를 연다

바람에 하얀 눈가루 날릴 때
내 마음속 검은색 가루도
함께 날리게 기도한다

오직 하얀 맘으로
삶에 지친 이들에게 안식을 전해주며
포근히 감싸 안는 마음 갖기를 기도한다

하얀 눈이
모든 이들도 포근히 서로를 감싸는 날
안식을 누리며 살아가길
간절히 소망한다

홀로 핀 꽃

모두가 시든 추운 날

여리디 여린 하얀 속살 하나
다 드러내고
온 몸으로 바람을 맞으며
의연한 자태로
흔들리지만
흐트러지지 않은 정신으로

강철 같은 꽃 하나
활짝 펴자
얼음장이 깨진다

제비꽃

무겁고 견고한
아스팔트 살을 뚫고
가녀리고 연한 속살 드러내
화사한 햇살 받으며
피어난 보랏빛 꽃

쇠보다 더 강한 의지로
제 삶의 길을 여는데
앙증맞은 모습이 풍기는 향기에 취해
어느새 온 마을에 봄이다

나도 나만의 향기를
전하고 싶은데

좋은 예감

유난히도 무덥고 지루했던
장맛비와 더위를 뒤로 하고
시원한 바람이
기분 설레게 한다

뭔가 좋은 일이
기다리고 있을 것 같은
참으로 예감이 좋은 날

거리의 사람들 발걸음이 가볍게 보이고
나무들도 춤을 추듯 바람에 흔들거리는데
무엇이 그리 좋은지 노래를 흥얼거리며
비 개인 맑은 하늘 아래를 걸어가는
토요일 오후

행복한 동행

하나님의 계획 속에
부부의 연을 맺어
살아간다는 것

누군가를 기다리고
서로를 신뢰하며
진정으로 사랑한다는 것

소중한 인연으로 만나
단지 며칠 뿐인데
떨어져 있는 동안
그리움 속에서
간절한 기도가 눈물 되어 흐르는

그대는 행복한 도반이어서
어둠 속에서도 또렷한
별이 되어
함께 길을 가는 것

별

어둠 속에서
존재를 알리는
빛 하나

예수님이 태어난 날
동방박사 셋이서
길을 찾아갈 때
길을 안내하는 별처럼
길 잃은 사람을 이끄는 등불

캄캄한 밤
별을 등대삼아
행복한 미래를 위해
길을 간다

고귀한 자태

감사와 행복한 마음으로
가득 찬 인생
건들면 환하게 터지는
행복바이러스

삶에 지친 이들에게
백합화 향기 전하며
주어진 삶에 만족하며
사명을 감당한다

맑고 깊은 가을하늘과도 같고
신선함이 묻어나
생동감을 전해준다는
모든 분들 칭찬에 겸손하며

은은한 향기와 더불어
어려운 이웃에게
배우고자 하는 이들에게
삶의 의욕을 전해주는
복된 날을 기대한다

감사

시련을 만나도 감사
즐거운 일을 만나도 감사
봄에는 꽃향기에 감사
여름엔 시원한 나무그늘에 감사
가을에는 탐스런 열매에 감사
겨울에는 나뭇가지에 쌓인 눈꽃에 감사

행복해지는 연습, 감사
얼굴빛을 평온하게 하는 감사
감사 제조업자
인생 공장을 감사로 찍어내어
기쁨과 축복의 삶
희망을 끌어오는 기적의 힘

모든 순간을

어느 한 순간도
소중하지 않은 시간은 없는 법이어서
모든 순간 귀를 열고 마음을 열고 사랑할 것을

더 열심히 귀를 열고
더 열심히 마음을 열고
더 열심히 사랑할 것을

꽃이 피어있는 시간만이
아름다운 것은 아니어서
꽃이 피기 위해
비와 바람과 햇살의 시간이 있었을 것

그러므로 모든 순간이 소중한 것인 것을
모두에게 열과 정성을 다해
다가가야 하거늘

나는 귀머거리처럼
무거운 쇳덩이처럼
움직이지 않고
다가가지 않았다

|해설|

삶의 의미 탐구와 신앙의 노래

-공애임 시집 『세월의 흔적』

강 경 호
(시인, 문학평론가)

1.

첫 시집을 내는 시인들의 의욕에 찬 작품들을 보면 먼저 그 길을 지나온 필자는 무모하다는 생각과 더불어 어디까지 갈 것인가가 궁금하다. 시의 길이 결코 평탄하지만은 않기 때문에 마치 시인 앞에 펼쳐진, 그러나 시인은 보지 못한 그 길을 바라보며 어디까지 갈 것인가에 대해 의문을 던진다. 시는 단 한순간도 긴장의 끈을 놓지 않는 운전석에 앉은 운전수처럼 제 갈 길을 분명히 바라보고 가야하기 때문이다. 동업자의 선배로서 첫 시집을 내는 시인들에게 연민과 풍찬노숙에 대한 격려의 말을 건네고 싶다.

『세월의 흔적』은 공애임 시인의 첫 시집이다. 공애임 시인은 시창작 공부를 해본 적이 없지만, 그럼에도 불구하고 무소처럼 시를 향해 돌진하는 모습이 가상하다. 이

무소 같음과 가상스러움이 공애임 시인에게 시의 길을 가게 하는 원동력임은 당연하다.

공애임 시인의 시세계는 삶의 비의와 삶의 의미를 되새기는 시편들과 계절의 흐름을 통해 자연을 노래하기보다는 인간의 삶을 살펴보는 시편들을 보여준다. 그리고 시인의 가족에게 보내는 뜨거운 사랑이 담긴 가족애를 드러내고 기독신앙인인 시인이 절대자를 찬양하고 사모하는 기도와 같은 노래를 부르는 시편들로 구성되어 있다.

공애임 시인의 작품은 별다른 기교없이 평이한 언어로 독자친화적이다. 그러므로 누구나 쉽게 작품을 감상할 수 있다. 이러한 그의 작품은 시 이전의 벌거벗은 언어여서 순수하다. 이는 시인의 정신 기저에 있는 맑은 모습을 닮았기 때문이다.

2.

『세월의 흔적』에서 시인의 정신지리를 가장 잘 드러내는 시편들은 삶을 탐구하는 시편들이다. 물론 시가 바라보는 지점은 현실이다. 그러므로 그의 작품은 시인이 만나는 소소한 일상의 느낌을 시로 형상화한 것들이다.

> 차가운 겨울바람이
> 얼어붙은 창문을 두드린다
> 흔들리는 창문에 귀를 기울이면
> 안쓰러움이 밀려와 마음 한 켠 가득 채운다
>
> 무엇이 아이들을

힘들게 하는지
혹독한 추위 견뎌내고
새 생명 잉태한 봄처럼

조금만 참아내면
너의 소망이 찬란하게 펼쳐질
봄이 멀지 않다
얼음을 뒤집어 쓴 채
세한을 견디는 나무들처럼

-「기다리는 마음」 전문

이 작품은 시제가 암시하듯 혹독한 겨울에 조금만 인내하면 따스한 봄이 올 것이니 기다리자는 다짐을 보여준다. 때는 겨울이어서 차가운 바람이 "얼어붙은 창문을 두드린다" 그럴 때면 창문은 흔들리고 화자는 창문에 귀를 기울인다. 밖에는 혹독한 추위가 "아이들을/힘들게 하"고 있다. 여기에서 "아이들"은 꼼짝없이 방안에 갇혀 있는 아이들일 수도 있지만 밖에서 추위를 견디고 있는 나무일 수도 있고 흙속에 파묻혀 봄을 기다리는 식물일 수도 있다. 이 모든 것을 포함해 시를 이해해도 될 것 같다. 화자는 아이들에게 "안쓰러움이 밀려와 마음 한 켠 가득 채"우며 창문이 흔들리는 소리를 듣는다. 그리고 "혹독한 추위 견뎌내고/새 생명 잉태한 봄처럼//조금만 참아내"라고 한다. 그러다보면 "너의 소망이 찬란하게 펼쳐질/봄이 멀지 않다"고 아이들을 달랜다. 그 모습이 마치 "얼음을 뒤집어 쓴 채/세한을 견디는 나무들" 같다고 한다. 시인은 이 작품에서 혹독한 겨울을 견뎌내야 따스한 봄을 맞을 수 있다는 자연의 법칙을 통해, 시련을 감내할 때 비로소 기쁘고 좋은 날을 맞을 수 있다는 진리를 말하고 있다.

「나이가 든다는 것은」에서도 시인은 삶의 법칙을 말한다.

헛된 것 움켜잡으려고
발버둥 치며 살아가는 삶

탐욕과 이기심
다 내려놓고
귀를 열고
주위를 돌아보는 것

빈손으로 온 인생
희로애락 겪으며
얼굴에 진 주름살
그 앞에 감사할 줄 알며
살며시 미소 짓는 것

-「나이가 든다는 것은」 전문

서정시는 삶에서 만나는 온갖 희로애락을 통해 인간이 어떻게 살아야 할지를 깨달으며 그것을 실천하게 한다. 그러므로 서정시는 삶의 방식을 찾아가는 구도의 길이라고도 할 수 있다. 젊은 날의 탐욕을 성찰하고 인간답게 살아가고자 하는 욕망을 언어로 형상화시키는 일은 결코 쉬운 일이 아니다. 서정시는 언어예술이기 때문에 언어를 잘 부림으로써 진정성을 갖는다. 진정성이 독자들에게 설득력을 갖게 하는 것도 당연한 일이다.

이 작품은 시제가 말하듯 나이가 들어가면서 삶을 어떻게 살아야 할 것인가에 대한 깨달음을 보여준다. 보편적으로 인간은 젊은 시절에는 존재방식에 대한 깊이있는 사색을 덜 한다. 세상과 부딪치며 살다가 점차 나이가 지긋해지면서 삶의 방식을 깨닫는 경우가 많다. "헛된 것 움켜잡으려고/발버둥 치며 살아가는 삶"을 살다가 나이 들어가면서 "탐욕과 이기심/다 내려놓고/귀를 열고/주위를 돌아"본다. 인간은 누구나 벌거벗은 채 "빈손으로 온"다. 그리고 "희로애락 겪으며/얼굴에" "주름살"이 진다. 주름살은 화자가 살아온 이력과 함께 고뇌의 흔적으로 나이가 들었음을 말해준다. 더불어 주름살은 "탐욕과 이기심"을 "다 내려놓고/귀를 열고/주위를 돌아보"게 하는 표지로 작용한다. 깨달음에 이른 화자는 비로소 주름진 얼굴 앞에 "감사할 줄 알며/살며시 미소 짓"게 된다.

이렇게 바른 인간으로 서기까지는 앞에서 밝힌 것처럼 녹록치 않은 삶을 살아왔기에 깨달음에 이를 수가 있는 것이다. 다음의 「인생길」은 그 과정을 형상화시킨 작품이다.

> 수없이 겪어야 하는
> 멀고 아득한 길
> 평평하고 순탄한 길
> 오르막과 내리막이 사막처럼 펼쳐지는
> 고난의 여행길

절망의 고통 안고
내리막을 치달을 때
감사함으로 그 길을 즐기게 되면
오르막의 기쁨을 알게 될 것

높은 파도가 치고 뱃길이 흔들려도
고요하고 잔잔한
아침 항구에 정박하리

-「인생길」 전문

인생은 수수께끼처럼 한 치 앞을 내다볼 수 없다. 그래도 보이지 않는 길이지만 여러 가지 시행착오를 견디며 제대로 된 길을 찾아가는 여정이다. 이렇듯 쉽지 않은 길이지만 포기하지 않고 뚜벅뚜벅 걸어가다 보면 마침내 '아침 항구'처럼 파도가 잔잔한 곳에 정박하게 된다.

"수없이 겪어야 하는/멀고 아득한 길"도 있고 "평평하고 순탄한 길"도 있다. 그러나 "오르막과 내리막이 사막처럼 펼쳐지는/고난의 여행길"이 인생길이다. 때로는 "절망의 고통 안고/내리막을 치달을 때/감사함으로 그 길을 즐기게 되면/오르막의 기쁨을 알게 될 것"이다. 오르막의 기쁨을 알 수 있다는 것은 비로소 자신이 원하던 길을 가게 된다는 것이며, 인생이 무엇인지를 깨달을 수 있다는 의미이기도 하다. 그런 까닭에 "높은 파도가 치고 뱃길이 흔들려" 마침내 "고요하고 잔잔한/아침 항구에 정박"할 수 있다. 여기에서 "아침 항구"는 다시 새롭게 시작할 수 있는 시간이며 공간으로 인생의 희망을 상징하는 표지이기도 하다.

3.

세상의 이치는 기승전결의 법칙이 적용된다. 태어나고 성장하여 완숙한 경지에 이르러 마침내 죽음에 이르는, 또는 결실을 맺는 것은 인간뿐만 아니라 살아있는 모든 것이 이와 같다. 우리나라는 사계절이 뚜렷하여 봄 여름 가을 겨울이 있다. 계절의 변화도 기승전결의 섭리를 닮았다. 문학에도 기승전결의 법칙이 해당한다. 흐름, 또는 변화가 있는 것이면 기승전결이 있게 마련이다.

공애임 시인의 계절의 변화에서 삶의 방식을 발견하는 시편들에서도 기승전결의 논리가 적용되고 있다.

> 어둠속에서 웅크리고 있는
> 가냘픈 영혼들
> 햇살을 기다리고 있다
>
> 너무 어두웠다
> 이윽고 봄비가 내리고
> 따스한 기운이 얼음을 녹이고
> 땅 속까지 스며들자
>
> 꽃이 되고 푸른 잎이 될
> 생명의 씨앗들이 기지개를 펴자
> 굳은 땅이 갈라지고
> 여리디 여린 새싹들이
> 얼굴을 내민다

가슴에 커다란 수건을 단
봄을 닮은 일곱 살 아이가
처음 학교에 간다

-「봄」 전문

위의 「봄」이라는 작품은 계절의 변화에서 가장 먼저 만나는 절기이다. 주지하다시피 봄은 겨울이 지나 날이 풀리고 따스해지는 시간이어서 생명이 움튼다. 살아있는 것들에게 비유를 하면 이제 막 태어났거나 아직 어린 시절이라고 할 수 있다.

"어둠속에서 웅크리고 있는/가냘픈 영혼들/햇살을 기다리고 있다"고 한다. 겨울 동안 어둠 속에 웅크리고 있다가 봄이 오는 기척을 알고 "갸날픈 영혼들"이 "햇살을 기다리고 있다" 햇살이 비추면 따스해질 것이고 따스해지면 깨어나 활동할 수 있기 때문이다. 지난 겨울은 "너무 어두"워 꼼짝하지 않고 견디다가 봄을 맞아 기지개를 켜는 만물들은 "이윽고 봄비가 내리고/따스한 기운이 얼음을 녹이고/땅 속까지" 따스한 기운이나 봄비가 스며들어 "꽃이 되고 푸른 잎이 될/생명의 씨앗들이 기지개를" 편다. 이처럼 봄이 오면 만물이 깨어나 생명의 숨소리를 낸다. 이때가 되면 "가슴에 커다란 수건을 단/봄을 닮은 일곱 살 아이가/처음 학교에 간다" '봄'과 '일곱 살 아이'는 '새로운 생명의 계절', 그리고 '새로운 출발'이라는 의미에서 보듯 유사성이 있다. 그러므로 '봄'은 생명이 움트는 시간이면서도 공간을 의미한다.

여름이 되면 앞에서 밝혔듯이 성장하는 시간으로 인간

의 삶으로 치자면 청소년 시절처럼 왕성한 시기를 말할 것이다. 그리고 가을은 단풍이 울긋불긋 물드는 것처럼 완숙한 시간을 말한다. 사람으로 비유하면 일을 가장 잘 할 수 있고, 삶을 가장 풍요롭게 완성하는 시기로 보아도 될 것이다.

「여정」은 가을처럼 완숙한 시간, 또는 절정에 이른 시기는 그냥 오는 것이 아니라 여러 가지 노력과 조건이 있어야 한다.

단풍 든 잎은
저절로 물들여지는 것이 아니다
천둥과 벼락과 거센 바람과 빗줄기
거대한 태양의 힘이 드리워져
울긋불긋 여물었을 것이다

아름다운 진주가 되기 위해
살이 찢어지고 뼈가 깎이는
아픔의 고통이 따르는 것이다

겨울 찬바람을 맞은 시금치에
단맛이 스미듯
시련을 겪을수록 견고해지는 것이어서

우리의 삶도
가슴이 찢어지는 아픔과
짜디짠 눈물이 지나고 나면
참으로 아름다운 모습으로

영글 것이다

-「여정」 전문

가을의 상징이랄 수 있는 '단풍'은 "저절로 물들여지는 것이 아니다" 화자의 표현을 빌면 "천둥과 벼락과 거센 바람과 빗줄기/거대한 태양의 힘이 드리워"졌기 때문이다. 이러한 비유로 "아름다운 진주가 되기 위해"서는 "살이 찢어지고 뼈가 깎이는/아픔의 고통이 따"른다. '단풍'과 '진주'는 아름다운 것, 또는 완성된 것을 의미한다. '가을' 역시 봄 · 여름을 지내는 동안 천둥과 벼락과 거센 빗줄기, 그리고 거대한 태양의 힘에 의해 온갖 시련을 겪은 후에야 오는 계절인 까닭에 인간의 삶으로 말하면 삶이 완성되는 시기이다.

이러한 논리를 "시금치"에 적용하는데 일반 시금치보다도 찬바람과 눈비를 맞고 자란 겨울 시금치는 시련을 이겨내었기 때문에 단맛이 난다. "시련을 겪을수록 견고해지는 것"이다. "우리의 삶도/가슴이 찢어지는 아픔과/짜디짠 눈물이 지나고 나면/참으로 아름다운 모습으로/영글 것이"라고 한다. 그러므로 사람들도 시련을 겪는다고 너무 아파하지 않고 견뎌내면 언젠가는 그 아픔만큼 아름다운 결실을 거둘 것이라고 말하지 않아도 알게 된다.

「계절은 어찌 알까」 또한 앞에서 본 작품처럼 계절에 알맞은 비유를 통해 자연의 섭리와 인간의 삶을 말한다.

따스한 바람이 불어와
겨우내 언 땅을 뚫고

싹이 나오고 꽃을 피우는지

그 뜨거운 더위를 식혀 주기 위해
소낙비가 내리고 시원한 바람이 불어야함과
탐스런 열매를 맺는지

계절은 어찌 알까
매섭게 살갗을 후벼대는
차가운 바람이 주는지를

한 치 앞을 내다볼 수 없는 우리는
계절을 내다보는 그 분의 섭리 속에서
그저 자라나는 풀 한 포기 같은 것을

-「계절은 어찌 알까」 전문

이 작품에서는 구체적으로 봄 여름 가을 겨울을 말하지 않지만 "따스한 바람이 불어와/겨우내 언 땅을 뚫고/싹이 나오고 꽃을 피우는지"에서는 봄의 모습을, "그 뜨거운 더위를 식혀 주기 위해/소낙비가 내리고 시원한 바람이 불어야"에서는 무성하게 자라는 여름날의 풍경을, 그리고 "탐스런 열매를 맺는지"에서는 가을의 모습을 그려내고 있다. 그리고 "매섭게 살갗을 후벼대는/차가운 바람이 주는지"에서는 겨울을 묘사하고 있다. 그런데 화자는 이 작품에서 계절이 어떻게 싹을 틔우고 바람이 불게 하는지를 알아서 계절에 맞게 세상을 움직이는지 궁금하다고 한다. 이것을 우리는 자연의 순리라거나 섭리라고 한다. 수억 년을 변함없이 마치 요술을 부리듯 한 치의 오차도 없이 계절에 맞게 변화시킨다. 이것을 모를 리 없는 화자는 묻는다. 그러면서 "한 치 앞을 내다볼 수 없는 우리는/계절을 내다보는 그 분의 섭리 속에서/그저 자라나는 풀 한 포기 같은 것"이 인간이라고 한다. 자연과 '그 분'으로 불리는 절대자 앞에서 인간은 그저 나약하고 왜소한 존재임을 말하고 있다.

4.

서정시의 본질은 인간의 삶을 아름답게 하는데 있다. 그런 까닭에 절망에서 희망을 노래하고 불화에서 화해를 꿈꾼다. 이것들의 밑바닥에는 필연코 '사랑'이 내재해 있다. 서정시의 본질을 탐구하는 공애임 시인의 시편들도 작품의 기저에 '사랑'이 자리하고 있다. 가족을 사랑하는 마음이 그것이다. 주지하다시피 '사랑'은 사회를 지탱하는 가장 작은 단위인 '가족'끼리 희망을 꿈꾸고 화해를 지향할 때 가족은 사랑이 넘칠 것이다. 가족이 행복할 때 우리 사회는 더욱 건강하고 행복해질 수 있다.

「내 사랑에게」는 시인이 가족을 위해 열심히 일하는 가장인 남편에 대한 연민과 뜨거운 사랑이 넘쳐나는 작품이다.

오늘 아침에도
코피를 흘렸다
내 마음이

너무 아리고 아파온다
아파줄 수 없어
마음 한켠이 아려온다

우리 식구 먹여 살리려고
밤낮으로 뛰어다니다
또 다른 꿈이 있어
새벽까지 공부하는 당신

그러한 당신을
바라만 봐야 되기에
안타까워
더욱 아끼고 사랑하며
살아야겠다 생각한다

-「내 사랑에게」 전문

"오늘 아침에도/코피를 흘렸다"고 한다. 그러자 화자는 "너무 아리고 아파온다" 뿐만 아니라 "아파줄 수 없어/마음 한켠이 아려온다" "우리 식구 먹여 살리려고/밤낮으로 뛰어다"니고, 미래를 위해 "새벽까지 공부하"는 남편이기 때문이다. 세상의 모든 가장들은 가족을 위해 희생한다. 그 희생이 가족을 살리고 가정이 행복하게 한다. 여기에서 '희생'은 '사랑'이 깃든 것으로 아내를 사랑하고 자식을 사랑한 까닭이다. 이렇듯 가족을 위해 열심히 살아가다가 코피를 흘리는 남편의 모습을 바라보면서 아내는 그러한 남편을 그저 바라볼 수밖에 없어 마음이 아프다. 도와줄 수는 없으나 "더욱 아끼고 사랑하며/살아야겠다 생각"한다. 이처럼 가족구성원은 서로를 사랑하는 것만으로도 행복해질 수 있는 것이어서 그런 토대 위의 가족이 행복한 것이다.

시인은 아내이기도 하지만 엄마이기도 하여 아들을 사랑하는 눈빛으로 바라본다.

나의 행복은
작은 것에서 시작된단다

네가 엄마에게
만두 드셨냐고 물어오고
더워서 물만 먹고 싶다할 때
건강을 위해서
물보다는 우유가 좋다고 했을 때
무척 행복했단다

네가 아직은 사춘기여서
엄마에게 가끔 툴툴거리지만
그래도 엄마를 생각하고 있다는 것이
마냥 고맙단다

정말 고맙다
네가 하는 일을 찾아서 행할 때
몹시 고맙고 감사하단다
사랑하는 아들아

-「아들에게」 전문

가족은 서로를 위하는 마음을 확인할 때 행복하고 상대를 사랑스러운 마음으로 바라보게 된다. 화자는 "나의 행복은/작은 것에서 시작된단다"고 고백한다. "네가 엄마에게/만두 드셨냐고 물어오고/더워서 물만 먹고 싶다 할 때/건강을 위해서/물보다는 우유가 좋다"고 했을 때 무척 행복했다고 한다. 이렇듯 아주 사소한 것에서 가족은 사랑을 느끼고 행복해 한다. 이는 가족끼리의 사랑에서 진정성이 느껴지기 때문이다. 아들은 "아직은 사춘기여서/엄마에게 가끔 툴툴거리지만/그래도 엄마를 생각하고 있"음을 알았기 때문에 그저 고마움을 느낀다. 이것이야말로 진정한 사랑으로 어떤 물질적 가치보다도 더 크고 아름답다. 그리고 화자는 아들에게 또 고마운 것은 "네가 하는 일을 찾아서 행할 때" 고마움을 느낀다. 아들이 자신의 길을 알아서 갈 때 화자는 자신을 위해 아들이 일을 하는 것도 아니지만 아들의 인생조차 엄마의 인생이라고 생각하기 때문에 고맙고 사랑한다고 아들에게 말할 수 있는 것이다.

「소중한 선물」에서는 시인이 딸을 향한 연민과 사랑을 보내고 있다.

날 위해 기도해 주며
눈물 흘려주며
생각해 주는 딸

챙겨주지 못하고 함께 해 주지 못해
늘 미안하고 가슴이 아려와

눈물이 난다

나누고 베풀며 배려하고
꿈을 향해
눈물과 땀방울로
마음껏 세상을 날아가거라

세계를 가슴에 품고 기도하며
현숙한 여인으로 성장하는 것이
모두의 바램이어서

예쁜 딸!
곱게 자라줘서
고맙고 사랑한다

-「소중한 선물」 전문

부모와 자식간의 사랑은 어쩌면 세상에서 가장 큰 사랑일지도 모른다. 서로가 자신의 모든 것을 줄 수 있다고 믿기 때문이다. 그러므로 서로에게 깊고 커다란 사랑을 준다. 딸은 엄마를 위해 기도를 하고 눈물을 흘리고 생각해 준다. 이러한 모습을 아는 엄마는 "챙겨주지 못하고 함께 해 주지 못해/늘 미안하고 가슴이 아려"오고 눈물을 흘린다. 그러자 엄마는 딸에게 "나누고 베풀며 배려하고/꿈을 향해" "마음껏 세상을 날아가"라고 당부한다. 아직 어린 딸이 자신의 꿈을 활짝 펴고 살기를 희망하는 것이다. 그리고 "세계를 가슴에 품고 기도하며/현숙한 여인으로 성장하는 것이" 부모의 바람이기에 이렇듯 엄마를 위해 기도하는 착한 딸로 성장한 것이 대견스러워 화자인 엄마는 "예쁜 딸!/곱게 자라줘서/고맙고 사랑한다"고 말한다.

자식과 부모의 서로간에 주고 받는 사랑이 아름답고 대툿하다.

5.

공애임 시인의 이번 시집에서 한 축을 이루는 시적주제는 신앙에 대한 관심이다. 시인은 신실한 기독신앙인으로 자신의 삶 한켠을 차지하는 신앙적인 삶을 통해 하나님에 대한 경배와 그리움, 그리고 기도하는 모습을 보여준다.

8월의 무더운 밤
당신의 음성을
간구합니다

사모함 속에
나의 육체가 녹아들듯이
당신을 기다립니다

마르지 않는 눈물로
당신의 뜻이 무엇인지
기다립니다

그러다보면

바람 소리일까
아주 세미하게
언제부턴가
당신의 음성이 들립니다

-「간절하게」 전문

신앙생활은 믿음을 가진 사람에게는 절대적이어서 늘 절대자를 바라보며 구원을 간구한다. 그러므로 절대자를 바라보는 마음은 늘 간절한 것이어서 기도를 통해 하나님과 소통한다. 「간절하게」에서도 "8월의 무더운 밤/당신의 음성을/간구"한다. 하나님의 목소리를 듣는 행위는 대단히 중요하고도 경건한 의식이다. 하나님의 목소리를 듣기 위해 화자는 간절하게 기도를 하였을 것이고 그 기도 끝에 기다리는 것이 하나님의 음성을 듣는 일이다. 그 목소리는 인간의 언어가 아닌 기도하는 사람과 하나님만이 알 수 있는 이 세상의 언어가 아니지만 둘만이 알 수 있는 소통방법으로 하나님의 음성을 듣기 위해서는 "사모함 속에/나의 육체가 녹아들 듯이/당신을 기다"린다. 뿐만 아니라 "마르지 않는 눈물로/당신의 뜻이 무엇인지/기다"린다. "그러다보면/바람 소리"처럼 또는 "아주 세미하게/언제부턴가" 하나님의 음성을 들을 수 있다고 한다. 이처럼 기독신앙에서 기도는 시작이며 끝이어서 기도를 통해 하나님의 목소리를 듣는 일은 자신의 신앙은 물론 하나님의 마음을 읽을 수 있는 일이어서 신성하고 거룩하다.

공허와 허무로 가득한
길에서
한 줄기의 빛을 보았다

한때는 절망이
나의 눈에 장막을 드리워
절벽 위를 걸어가는 것 같은
불안하고 위태로운 날들이 있었지만
창에 찔리고 채찍을 맞으며
골고다 언덕을 올라가는
예수 그리스도의 발자국에서
빛나는 빛을 보았다

그 빛이 있음으로
나의 상처 쯤은 아무 것도 아니어서
나의 불안은 하찮은 것이어서

내 인생의 전부와 바꾸어도
아깝지 않을
영원하신 예수그리스도의
핏빛 십자가의 힘

-「평안」 전문

「평안」에서는 거룩한 예수그리스도가 우리를 위해 십자가에 못 박혀 매달리는 형벌을 받았음에 대해 시인 자신의 불안한 마음과 아픈 마음은 비할 바가 아니라고 한다. 그것은 화자가 "공허와 허무로 가득한/길에서/한 줄기의 빛을 보았"기 때문이다. "공허와 허무로 가득한/길"

은 절망적인 상태이다. 그 절망이 "나의 눈에 장막을 드리워/절벽 위를 걸어가는 것 같은" 때 마음이 "불안하고 위태로운 날들"이었지만 "골고다 언덕을 올라가는/예수 그리스도의 발자국에서/빛나는 빛을 보았다"고 한다. 문학적 상징으로써 '빛과 어둠'은 서로 상반된 것으로 흔히 '빛'은 '희망'을 '어둠'은 '절망'을 의미한다. 그런데 화자는 절망 속에서 빛을 보았으니 희망을 본 셈이다.

"그 빛이 있음으로/나의 상처 쯤은 아무 것도 아니"라고 한다. 뿐만 아니라 "나의 불안은 하찮은 것"이라고 한다. 여기에서 '불안'은 희망이 없는 마음이어서 마음이 괴로운 상태이다. 그런데 예수그리스도의 발자국에서 빛을 보았으니 이른바 구원을 받은 것이다. 그렇기 때문에 시인은 "내 인생의 전부와 바꾸어도/아깝지 않을/영원하신 예수그리스도의/핏빛 십자가의 힘"이라고 고백하였으니, 예수그리스도의 죽음을 통해 나약한 인간들이 구원에 이르는 통로를 만들었다고 할 수 있다.

다음의 「하늘 광채」 역시 구원을 꿈꾸며 천국에 닿고 싶어한다.

> 뭉게구름 사이로
> 내리쬐는 찬란한 빛줄기
> 참으로 신성한 풍경이
> 부활한 그 분이 하늘에서 내려오는 것 같다
>
> 인간의 상상력으로는
> 그려낼 수 없는

기막힌 풍경을 바라보면
나는 세례를 받은 것 같아
마음이 순결해지고
가슴에 십자가를 새긴다

이 한 폭의 풍경 선물 받으니
무엇이 부러울까
그곳이 낙원이어서
구름타고 하늘에
닿고 싶다

-「하늘 광채」 전문

이 작품의 전경에 "뭉게구름 사이로/내리쬐는 찬란한 빛줄기"가 내리고 있다. 화자가 어쩌다 이렇듯 신성한 풍경을 본 모양이다. 어쩌다 일어나는 자연현상을 바라보며 화자는 "참으로 신성한 풍경이/부활한 그 분이 하늘에서 내려오는 것 같다"고 생각한다. "인간의 상상력으로는/그려낼 수 없는/기막힌 풍경"이기 때문이다. 그 모습을 바라보며 화자는 "세례를 받은 것 같"고, "마음이 순결해지고/가슴에 십자가를 새긴다". 길을 가다 뭉게구름 사이로 쏟아지는 광채에서 부활한 예수그리스도가 내려오는 것을 생각하며 세례받은 것처럼 마음이 정화되는 것 같은 체험을 한 화자는 그 아름다운 풍경을 바라보며 햇빛이 쏟아지는 하늘이 낙원이어서 "구름타고 하늘에/닿고 싶다"고 한다. 일상의 삶에서 부활한 예수그리스도를 발견하고, 신성하고 거룩한 풍경으로 여긴다. 이러한 시인의 상상력은 신실한 신앙심에서 비롯된다고 생각한다.

공애임 시집

세월의 흔적

초판 발행 | 2021년 4월 5일

지은이 | 공 애 임
펴낸이 | 강 경 호
인쇄 · 기획 | 도서출판 시와사람
등록 | 1994년 6월 10일 제 05-01-0155호
주소 | 광주시 동구 양림로119번길 21-1(학동)
전화 | (062)224-5319
팩스 | (062)225-5319
E-mail | jcapoet@hanmail.net

ISBN978-89-5665-595-6 03810

값 10,000원

*잘못된 책은 바꾸어 드립니다.

공급처 ■ 한국출판협동조합

경기도 파주시 탄현면 오금리 202번지
주문전화 (02)716-5616, 070-7119-1740